La vida duele.
El amor sana.

ENCONTRANDO LA ESPERANZA JUNTOS.

AMERICAN BIBLE SOCIETY

Philadelphia

La vida duele.
El amor sana.

ENCONTRANDO LA ESPERANZA JUNTOS.

Margi McCombs • James Covey • Kalyn Lantz

LA VIDA DUELE. EL AMOR SANA. DIARIO DE ADOLESCENTE

© 2017, 2018, 2020, 2022 American Bible Society
Tercera edición, marzo 2022

ISBN 978-1-58516-290-1
ABS Item 124848

Para uso con:
Sanar las heridas del corazón de los adolescentes: Manual de facilitador
(ISBN 978-1-58516-291-8, ABS item 124849)
por Margi McCombs, James Covey y Kalyn Lantz

Este libro está escrito intencionalmente en el español elemental.

Todos los pasajes bíblicos son de *Dios habla hoy*®
© 1966, 1996 Sociedades Bíblicas Unidas.

Redactado por Peter Edman
Diseñado por Jordan Grove
Ilustraciones por Ian Dale

Para usar este libro para capacitación acerca del tema de la sanidad del trauma,
contacte a su Sociedad Bíblica local, visite
TraumaHealingInstitute.org, o escribe a
info@traumahealinginstitute.org

AMERICAN BIBLE SOCIETY

101 North Independence Mall East FL8
Philadelphia PA 19106-2155

El Señor está cerca, para salvar a los que tienen el corazón
hecho pedazos y han perdido la esperanza.

SALMO 34:18

CONTENIDO

¡BIENVENIDO!

Estamos felices de que te hayas unido al grupo. La vida puede lastimarnos profundamente, pero hay esperanza. En el tiempo que compartiremos, haremos un corto viaje. Echaremos un vistazo y exploraremos por nosotros mismos algunas cosas que han ayudado a otros a recuperarse de los dolores de la vida, enfrentar nuevos desafíos y encontrar el gozo en la vida.

Enfrentar nuestro dolor implica coraje, pero no necesitamos enfrentarlo solos. En diez sesiones estaremos hablando sobre el trauma y de cómo nos afecta. El trauma lastima nuestro corazón, y las heridas necesitan ser tratadas o nos llevarán a complicaciones más profundas. Juntos, aprenderemos cómo pueden ser remendados nuestros corazones heridos. Finalmente, hablaremos sobre la sanación que viene de Dios, ¡que nos conoce mejor de lo que nos conocemos a nosotros mismos!

Una de las maneras en las que hablaremos sobre el dolor y la sanación es siguiendo la historia de Tony y Violeta, al ver cómo lidian con sus propios corazones heridos. Su historia es incluida en este diario, que es un lugar para expresarte completa y privadamente. Este diario es tuyo, por lo tanto, úsalo como te parezca. Mantenlo privado o comparte algunas partes con los que están cerca de ti. Es tu decisión.

El equipo del facilitador está aquí para servirte como guía en tu viaje, señalando hacia cada punto de referencia y haciendo que las cosas fluyan. También haremos que este grupo sea un lugar seguro para cada uno de ustedes para que sean lo que realmente son —y experimenten el amor transformador de Dios para ustedes.

Puedes esperar algunos momentos desafiantes a medida que caminas hacia la sanación, confiando en que te conectarás con Dios y con la gente alrededor de ti en el proceso. También tendrás oportunidades para reír y divertirte. Esperamos que este viaje sea una experiencia que te prepare para el futuro y te lleve algunos pasos más cerca de la esperanza.

¡Nos agrada realmente que estés aquí!
Tu equipo guía

SESIÓN 1.

¿Soy importante para alguien?

«Solo»

Tony se despertó por los gritos de los vecinos en la planta baja. *Esto es raro*, pensó. Usualmente sus peleas son más tarde, cuando se despiertan con la resaca. Él agarró su teléfono. Estaba muerto. Uf. Eso significaba que la alarma no había sonado y llegaría tarde a la escuela otra vez. También significaba que llegaría tarde al desayuno gratis de la escuela. *Y bueno, es bastante malo. No me perdí de mucho.*

Tony ya había llegado tarde tres veces este otoño. Él seguía tomando el turno de cierre en la tienda de la esquina. Era buenísimo que los dueños de la tienda confiaran tanto en él, pero trabajar hasta las 2 de la mañana hacía que levantarse para ir a la escuela fuera realmente difícil. Se levantó de la cama, se vistió rápidamente y se dirigió a la cocina, y agarró una banana para el camino a la escuela.

El departamento estaba vacío excepto por Ben, que estaba desmayado sobre el sillón. Ben se había mudado este verano, después de que la madre de Tony, Jacqueline, lo conoció en el bar. Mayormente, Ben miraba la TV, bebía y cobraba el subsidio por desempleo, pero al menos ayudaba a pagar el alquiler. También había traído a Violeta, su hija, a vivir con ellos.

Violeta era estudiante de segundo año. Se llevaban bien, pero no hablaban mucho. Tony sabía que su madre había muerto de cáncer algunos años atrás, pero no conocía los detalles. *"¡Es mejor que la prisión!"*, pensó. El papá de Tony estaba preso de por vida por un asesinato relacionado con las drogas. Esperar no ser como su padre era una de las razones por las que Tony todavía estaba en la escuela.

El recordatorio lo dejó pensando sobre las probables consecuencias de llegar tarde otra vez. Castigo, por lo menos. Sabía que hoy se perdería el baloncesto JV. No iba a estar en el equipo universitario como estudiante de cuarto año —ni probablemente de último año—, ¿cuál es el punto, entonces?

Tony reorganizó su camino a la escuela, y ajustó la capucha de su sudadera para evitar el frío. Desearía que su teléfono funcionara para escuchar algo de música. Trataba de recordar si tenía tareas de matemáticas para entregar, cuando vio una figura familiar parada fuera de la lavandería en la esquina.

Él y Raymond habían sido los mejores amigos desde que Tony tenía cinco años y su familia se mudó a los residenciales. Raymond había vivido con su abuela hasta que ella lo echó el último año cuando lo expulsaron por vender hierba. Raymond estaba en contacto con una pandilla y siempre estaba en problemas por no poder pagar lo que debía. Fumaba demasiado de lo que se suponía tenía que vender.

«¿Qué tal, T. S.?», dijo Raymond.

«Todo igual, Rayray. ¿Cómo andas?». Respondió Tony.

«Hermano, nadie me llama Rayray excepto mi abuelita», dijo Raymond. «No lo hagas más o arruinarás mi reputación». Y golpeó a Tony en el hombro.

«Vamos», dijo Tony. «Nunca has tenido una reputación, no seas tonto. ¿Qué estás haciendo por aquí? Pensé que estabas viviendo con tu primo».

«Sí», dijo Raymond. «Te envié un mensaje de texto ayer a la noche. Estoy en problemas con unos tipos porque perdí"». Su voz se debilitó.

«¿De qué estás hablando, Ray? ¿Qué tipo de problemas?».

Raymond agarró a Tony por la sudadera con ambas manos y lo acercó. «Tony, no entiendes. Esta vez metí la pata hasta el fondo». Antes de que pudiera decir algo más, escucharon a alguien que llamaba a Raymond. Un auto dio la vuelta en la esquina.

«Tony, rápido. ¡Vete de aquí!», susurró Raymond, y empujó a Tony hacia la puerta de la lavandería. Tony dio un salto hacia adentro y se subió a las secadoras para poder ver por la ventana. El auto se detuvo lentamente y Raymond fue hacia el chofer, saludando con su mano mientras hablaba. Tony se preguntaba quiénes serían los tipos del auto y qué había hecho Raymond esta vez. Parecía que siempre entraba y salía de grandes líos...

De repente, Raymond estaba gritando. Se apartó del auto con las manos levantadas. Hubo tres o cuatro fuertes chasquidos, y el auto se alejó calle abajo chirriando los neumáticos. Raymond cayó al costado de la acera.

Tony había escuchado tiros antes. El siguiente sonido fue él mismo gritando: «¡RAYMOND!». Tony saltó de la secadora y se dirigió a la puerta. La manga de su sudadera se enganchó en un clavo; él la rompió para liberar su brazo y siguió moviéndose. De alguna manera llegó hasta donde estaba Raymond y lo levantó en sus brazos.

Su amigo no respondía. Tony lo sacudió. «Raymond, quédate conmigo. ¡No te mueras! ¡No puedes dejarme!».

Tony miró a la gente que se reunía alrededor de ellos y gritó que alguien llamara a una ambulancia. Pero él sabía que Raymond estaba muerto. Había mucha sangre. Tony apretó a su amigo entre sus brazos y empezó a moverse hacia adelante y hacia atrás. Cuando escuchó las sirenas a la distancia, comenzó a sollozar. Se quedó helado. La policía llegaría muy pronto. ¿Le harían preguntas? ¿Sospecharían de él? Lo llevarían a la estación de policía. Si bien no había visto la cara del tirador, él sabía qué sucedería si alguien pensara que él vio algo.

Tony apoyó a Raymond suavemente sobre la vereda. Lo miró por última vez, tirado sobre un charco de sangre, tan inmóvil como si estuviera durmiendo. Entonces, se fue.

PREGUNTAS DE DISCUSIÓN

1. ¿Qué sabes sobre la vida de Tony?
2. ¿Por qué es que Tony pudo sentirse estresado incluso antes de que le dispararan a Raymond?
3. ¿Cómo es que circunstancias fuera de tu control pueden hacer que te sientas insignificante?

_____

_____

_____

PREGUNTA EN EL DIARIO

¿De qué manera fuiste singularmente hecho? ¿Qué te hace destacar (o apartarte) de la multitud? ¿En qué eres bueno?

Tú fuiste quien formó todo mi cuerpo; tú me formaste en el vientre de mi madre. Te alabo porque estoy maravillado, porque es maravilloso lo que has hecho. **SALMO 139:13-14a**

Estoy convencido de que nada podrá separarnos del amor de Dios:
ni la muerte, ni la vida, ni los ángeles, ni los poderes y fuerzas
espirituales, ni lo presente, ni lo futuro, ni lo más alto, ni lo más
profundo, ni ninguna otra de las cosas creadas por Dios. ¡Nada podrá
separarnos del amor que Dios nos ha mostrado en Cristo Jesús
nuestro Señor! **ROMANOS 8:38-39**

La vida duele. El amor sana.

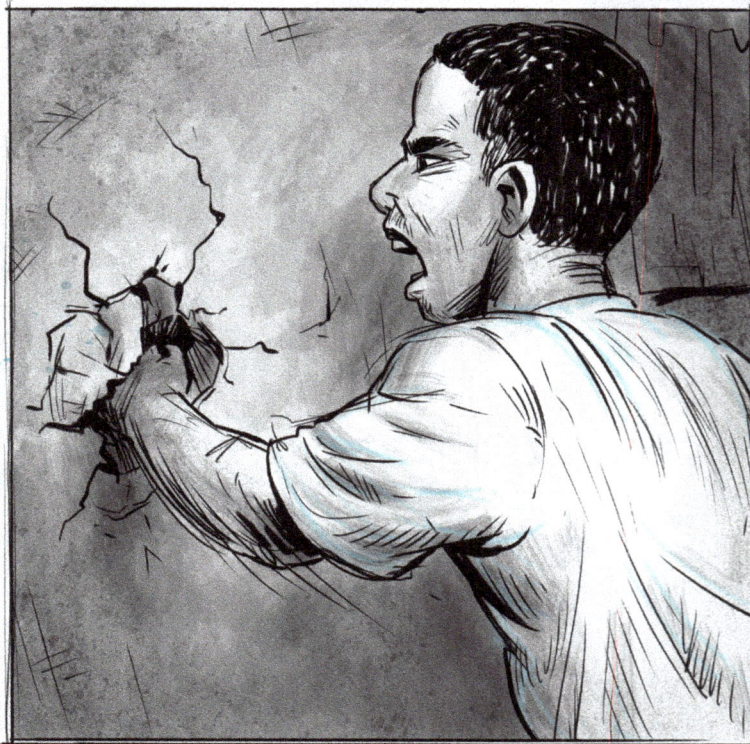

SESIÓN 2.

Si Dios me ama, ¿por qué me duele tanto?

«Salir de aquí»

Tony corrió mucho, zigzagueando por calles y callejones, sin siquiera saber a dónde estaba yendo. Solo cuando se detuvo, sin aliento, se dio cuenta que tenía sangre sobre su sudadera y en sus manos. Miró sus manos, pero en su cabeza estaba mirando a Raymond nuevamente. Su estómago se convulsionó y vomitó en el callejón. Una vez que pudo ponerse de nuevo de pie, comenzó a ir hacia su casa cuidadosamente, mirando por sobre sus hombros para ver si alguien lo seguía. Abrió la puerta del departamento y fue a la cocina para lavarse. Ben estaba todavía sobre el sillón. Aunque ahora estaba despierto, mirando algo desagradable en la TV. Ni siquiera miró a Tony.

Tony tiró su sudadera sobre el piso y trató de limpiarse. Cuando lavaba sus manos, Tony revivía todo vez tras vez en su cabeza. ¿Qué podría haber hecho de manera diferente? «Si solo hubiera...». Un fuerte golpe en la puerta interrumpió sus pensamientos. Ben abrió la puerta. Después de unos pocos gruñidos, le gritó a Tony que viniera. Era la policía. El corazón de Tony comenzó a latir fuerte y rápido. Él había visto pasar cosas malas con la policía antes. ¿Tratarían de culparlo por lo de Ray?

Un par de detectives entraron y comenzaron a hacerle preguntas sobre lo que sucedió y por qué corrió. Los pensamientos de Tony estaban todos mezclados y pronto se vio llorando incontrolablemente.

Entre sollozos, se las arregló para hablar sobre cómo él y Raymond habían sido mejores amigos desde que tenían cinco años. Un detective se suavizó un poco. Le pidió a Tony que contara su versión de lo que había sucedido y que dijera cómo era el auto. El detective dijo que los disparos podían estar relacionados con pandillas y que no sabía si iban a poder hacer algo al respecto. Le dejó su tarjeta con su teléfono en caso de que Tony recordara algo más.

Tan pronto como los detectives se fueron, Ben empujó a Tony contra la pared y comenzó a decir: «Muchacho estúpido. ¡Parece que hiciste que mataran a tu amigo! Y ahora tenemos a policías viniendo a la casa». Era demasiado. Enseguida Tony comenzó a gritar. Estaba feliz que su abuela no estuviera en la casa para decirle que cuidara su vocabulario.

Tony empujó a Ben cuando salió. «¡Cierra la boca y sal de mi casa!», gritó. Fue a su cuarto, dio un portazo, trabó la puerta y se tiró en la cama. Él compartía su cuarto con su hermano pequeño, Darrell, pero Darrell todavía estaba en la escuela. Estaba solo con una tormenta de imágenes en su cabeza... El borracho Ben. Su mamá trabajaba en dos lados solo para pagar ese pequeño departamento para que todos vivan en él. La madre de Violeta, que murió de cáncer. Su papá en prisión. El cuerpo de Raymond ahí tirado sobre un charco de sangre. *La abuela Rosa siempre dice que Dios nos ama, ¡pero no es posible que Dios nos ame y deje que todas estas cosas malas nos sucedan!*

Cuanto más pensaba sobre eso, más enfadado se ponía. Tony saltó, golpeó la pared y le hizo un hoyo. El agudo dolor en su mano lo sacó de sus pensamientos y se dio cuenta de que estaba sangrando.

Justo en ese momento, Violeta entró a la casa. Su padre estaba en la sala de estar, gritando y maldiciendo solo y bebiendo vodka de la botella. Tony la cruzó en la sala con una mano sangrando y una expresión de ira en su cara.

Los rumores de los tiros habían llegado a la escuela y todos estaban hablando de eso. Violeta se fue a la cama. El departamento era demasiado pequeño como para que ella tenga su propio cuarto, pero ellos habían colgado una sábana en el área del comedor para darle cierta privacidad. Ella tiró su mochila sobre la cama y fue a la cocina donde Tony estaba haciendo correr agua sobre su mano. "¿Qué paso?", le preguntó.

Tony le dio una versión corta sobre que llegaba tarde a la escuela, sobre Raymond, la policía y Ben. «Ya no puedo soportarlo», concluyó. «¡Odio todo esto! Tengo que salir de aquí».

«¿A dónde vas?», preguntó Violeta.

«No te preocupes», dijo Tony por encima del hombre. Agarró el cargador de su teléfono y dio un portazo al salir. Violeta se deslizó de nuevo detrás de su sábana y deseó que hubiera algún otro lugar a donde ir.

PREGUNTAS DE DISCUSIÓN

1. ¿Qué hizo que Tony golpeara la pared?
2. ¿Alguna vez te has sentido agobiado por las circunstancias de tu vida?
3. ¿Alguna vez te preguntaste por qué le suceden cosas malas a la gente buena?

_____

_____

_____

¿POR QUÉ SUCEDEN COSAS MALAS?

La vida duele. El amor sana.

CULPA Y VERGÜENZA

La culpa es la sensación de haber hecho algo mal. Es una respuesta normal por haber hecho algo que sabemos que no está bien. Nos recuerda hacer algo—como disculparnos. A veces la culpa conduce a la vergüenza, un sentimiento más profundo de no tener valor o ser digno. Llena el espacio en blanco con «vergüenza» o «culpa» al identificar los sentimientos en estas situaciones.

Me equivoqué en una prueba y me siento tonto.

_____

Accidentalmente rompí el plato de mi abuela y me siento mal.

_____

Alguien me atacó en la escuela y no puedo olvidar las cosas que dijeron sobre mí.

_____

Le mentí a alguien importante para mí y ahora me arrepiento.

_____

No pude pensar en nada que decir en clase. Soy tan aburrida y estúpida.

_____

Publiqué algo que no debería haber hecho sobre mi amigo y ahora me siento muy mal.

_____

También podemos sentir vergüenza cuando otras personas—o nuestro propio cerebro—nos dicen que no somos importantes o que nos tratan como si no importáramos. Los sentimientos de vergüenza pueden sonar como nosotros diciendo este tipo de cosas a nosotros mismos. ¿Alguna vez has experimentado alguno de estos pensamientos hirientes y falsos?

~~Soy desagradable.~~

~~Soy estúpido.~~

~~Soy aburrida~~

~~No soy lo suficientemente bueno.~~

~~Soy feo.~~

~~No valgo nada.~~

~~Soy una mala persona.~~

~~Soy anormal.~~

~~Soy de poco mérito.~~

¿Qué verdades quiere Dios hablarte sobre los sentimientos de vergüenza?

- Eres amado (Romanos 5:8).

- No eres un error (Salmo 139:13-16).

- Eres aceptado (Romanos 15:7).

- Eres elegido y adoptado (Efesios 1:4-5).

- Estás seguro y protegido por la mano de Dios (Juan 10:28- 30).

- No estás solo (Hebreos 13:5).

- Puedes hacer todas las cosas a través de la fuerza de Cristo (Filipenses 4:13).

- Dios te llama por tu nombre (Isaías 43:1).

- Dios está dispuesto y es capaz de perdonarte (Salmo 86:5; Efesios 1:7).

- Dios te dará un nuevo comienzo (2 Corintios 5:17).

- Dios tiene un plan y un camino para tu vida (Jeremías 29:11; Proverbios 3:5-6).

- Tú eres la obra maestra de Dios—y tiene cosas buenas que esperan que hagas. (Efesios 2:10).

Usa la siguiente página para escribir sobre los momentos en que te sentiste avergonzado. ¿Cómo podrían las perspectivas de estos versículos cambiar cómo te sientes acerca de ti mismo?

La vida duele. El amor sana.

LA VIDA PUEDE DOLER

HERIDAS FÍSICAS	HERIDAS DEL CORAZÓN

Sesión 2. Si Dios me ama, ¿por qué me duele tanto?

PREGUNTA EN EL DIARIO

¿Cuáles son algunas de tus heridas del corazón?

_____

_____

_____

_____

_____

_____

_____

_____

_____

_____

_____

_____

_____

_____

_____

_____

_____

_____

La vida duele. El amor sana.

La vida duele. El amor sana.

Dejen todas sus preocupaciones a Dios, porque él se interesa por ustedes. **1 PEDRO 5:7**

35
Sesión 2. Si Dios me ama, ¿por qué me duele tanto?

SESIÓN 3.

¿Cómo me conecto con mis sentimientos?

«Solitario»

Cuando la puerta se estrelló detrás de Tony, Violeta se sentó en su cama para pensar. Lo que le pasó a Raymond la puso triste. Él era un poco vago, pero al menos había sido un buen amigo para Tony. Ella había llegado a esta parte de la ciudad desde que se mudó con Jacqueline en el verano. Se preguntaba cuál era el arreglo entre su papá y Jacqueline. Probablemente fue una mudanza por lástima, más el seguro de desempleo de su papá que ayudaba para pagar el alquiler. Lo que sea.

A medida que recreaba el día, Violeta pensó sobre cuán difíciles habían sido las cosas recientemente. Estaba en una nueva escuela y sin muchos amigos. Su nueva amiga más cercana, Jade, era bastante rara. *Yo también podría ser rara si viviera con una familia adoptiva como ella.* Muchas de las otras niñas también eran raras. Hoy, un cruel grupo de estudiantes del último curso le habían tirado al piso su bandeja del almuerzo. Al menos, Jade había venido y los había amenazado de apuñalarlos si no se iban.

Después de la escuela estaba súper hambrienta porque no había comido su almuerzo, por lo tanto paró en el minimercado. Había recogido una bolsa de papas fritas y algunos maníes mientras miraba alrededor, y entonces, sin darse cuenta de lo que estaba haciendo, había salido con la comida todavía en su mano. Nadie dijo nada, pero se sintió culpable.

Ella pensó en devolverla, pero no era la primera vez que había robado algo. Quizá no le pase nada otra vez.

Entonces, recordó haber escuchado a los policías en su departamento antes. Podrían volver. ¿Y si le hacían preguntas a ella? Violeta volvió a la cocina y tiró los envoltorios a la basura. Ellos parecían mirarla como acusándola. *Ladrona despreciable.* Cerca del bote de basura ella vio la sangre de Tony, y la sudadera rasgada. La sangre le recordaba a cuando su mamá estaba en el hospital.

Exclamó. *Espera... ¿qué día es hoy? ¡Mañana se cumplen cuatro años!* El cuarto aniversario de cuando su madre se enteró de que tenía cáncer. Casi lo había olvidado. Todo el proceso había sido borroso: las visitas a los doctores, operaciones, la quimio, transfusiones, rayos, y su madre empeorando en su enfermedad... había muerto menos de un año atrás. Violeta todavía la extrañaba tanto que le dolía. Una lágrima se deslizó por su mejilla. Quizá ella había hecho algo para merecer perder a su mamá. Ese pensamiento venía algunas veces y siempre la hacía llorar.

Muchas veces, en los últimos años, se había sentido sola: cuando despidieron a su papá por estar borracho en el trabajo, cuando perdieron su casa, cuando la trabajadora social vino y amenazó alejarla de él. Pero este momento era uno de los más solitarios. Volvió a su cama, pensando sobre cuánto odiaba estar en una escuela donde nadie la entendía y vivir con otra familia en este departamento tan pequeño.

Violeta escuchó a Rosa, la abuela de Tony, llegar a casa desde el trabajo en el salón de belleza. Violeta pudo oírla tratando de comprender qué decía su papá sobre Tony. Pronto, Rosa apartó la sábana y se acercó a la cama de Violeta, probablemente para obtener más detalles.

Violeta deseaba tener una puerta. Rosa siempre era amable, pero ella no tenía deseos de hablar en ese momento. Además, no tenía deseos de hablar con Rosa. Probablemente la echarían de la casa pronto, de todos modos. Nadie iba a alojarla para siempre con el tema de la bebida de su papá. Pretendió estar dormida.

La vida duele. El amor sana.

PREGUNTAS DE DISCUSIÓN

1. ¿Cuáles son los sentimientos de Violeta?
2. ¿Está más enojada por las cosas que le están pasando ahora o en el pasado? ¿De qué manera lo que le estaba pasando ahora se conecta con lo que le sucedió en el pasado?
3. ¿Puedes recordar alguna vez cuando te hayas sentido realmente molesto? ¿Puedes hablar sobre aquel tiempo?

_____

_____

_____

MÚLTIPLES EMOCIONES

La gente puede sentir muchas emociones diferentes. A menudo experimentamos múltiples emociones al mismo tiempo. ¿Qué emociones te son familiares? ¿Qué otras emociones añadirías a esta lista?

IRRITADO

Confundido EMOCIONADO

FELIZ AMOROSO ESPERANZADO

ANSIOSO ATERRORIZADO
RELAJADO

FRUSTRADO NERVIOSO SEGURO
CONFIADO

ENOJADO ASUSTADO Avergonzado
PREOCUPADO

CELOSO TRISTE JUGUETON
CULPABLE

Calmado

RESPETADO ORGULLOSO

ABURRIDO Sorprendido

Deprimido

LA MÁSCARA DE LA IRA

Es raro que la ira exista por sí sola; usualmente viene de otra emoción subyacente. A menudo usamos la ira para protegernos o para tapar otros sentimientos que nos hacen sentir vulnerables. Podemos sentir tristeza, frustración, culpa, vergüenza, celos o humillación. Esas emociones subyacentes pueden llevar a la ira. Cuanto más intensas sean las emociones, más intensa será nuestra ira. Escribe o dibuja máscaras adicionales que identifiquen los sentimientos que están detrás de tu ira.

CÓMO REACCIONA NUESTRO CEREBRO
ANTE EL PELIGRO

Cuando nos enfrentamos con una situación peligrosa o estresante, nuestro «cerebro de abajo» se reacciona más rápido que nuestro «cerebro de arriba». Si experimentamos mucho estrés por un largo período, nuestro «perro guardián» interior puede comenzar a «ladrar» cuando no hay peligro inmediato.

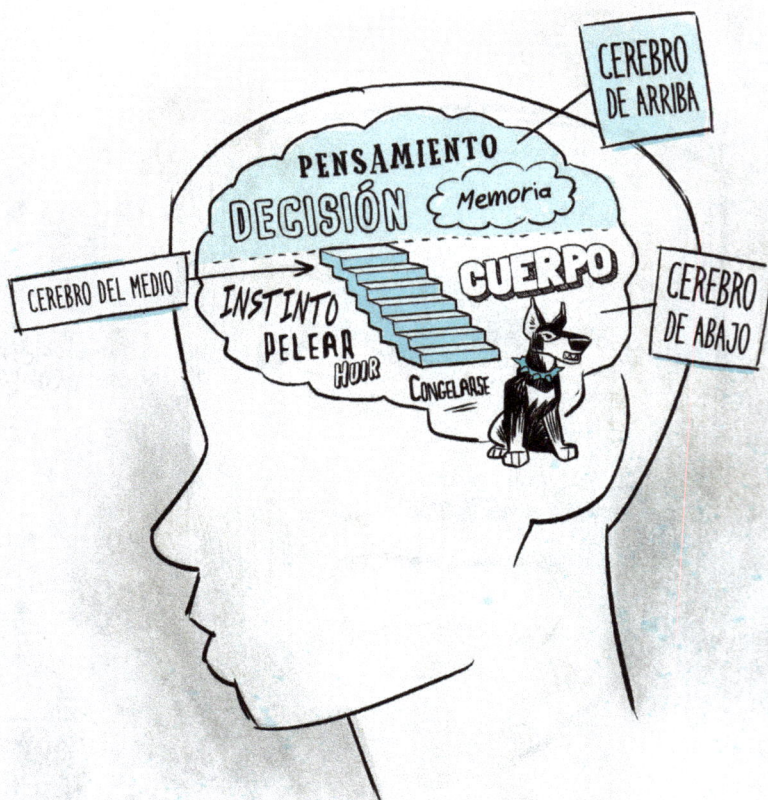

LOS SENTIMIENTOS DE DAVID

The book of Psalms in the Bible is often connected with King David. Its poems express the whole range of human emotions. What emotions do you find in these passages?

Versículo		Emoción
Salmo 25:16	... estoy solo y afligido.	
Salmo 18:1	Tú, Señor, eres mi fuerza, ¡Yo te amo!	
Salmo 31:10	El dolor y los lamentos acaban con los años de mi vida. La tristeza acaba con mis fuerzas.	
Salmo 38:18	Voy a confesar mis pecados pues me llenan de inquietud.	
Salmo 42:5	¿Por qué voy a desanimarme? ¿Por qué voy a estar preocupado?	
Salmo 44:15	No hay momento en que no me vea humillado; se me cae la cara de vergüenza.	
Salmo 4:7	Tú has puesto en mi corazón más alegría que en quienes tienen trigo y vino en abundancia.	
Salmo 4:8	Yo me acuesto tranquilo y me duermo en seguida, pues tú, Señor, me haces vivir confiado.	
Salmo 6:7	El dolor me nubla la vista...	
Salmo 33:22	¡Que tu amor, Señor, nos acompañe, tal como esperamos de ti!	
Salmo 55:5	Me ha entrado un temor espantoso; ¡estoy temblando de miedo!	
Salmo 35:18	Te daré gracias ante tu pueblo numeroso; ¡te alabaré ante la gran multitud!	

PREGUNTA EN EL DIARIO

Cuando te sucede algo malo, ¿tu primera reacción es usualmente pelear, huir o congelarte? ¿Cómo muestras esa reacción?

La vida duele. El amor sana.

Sesión 3. ¿Cómo me conecto con mis sentimientos?

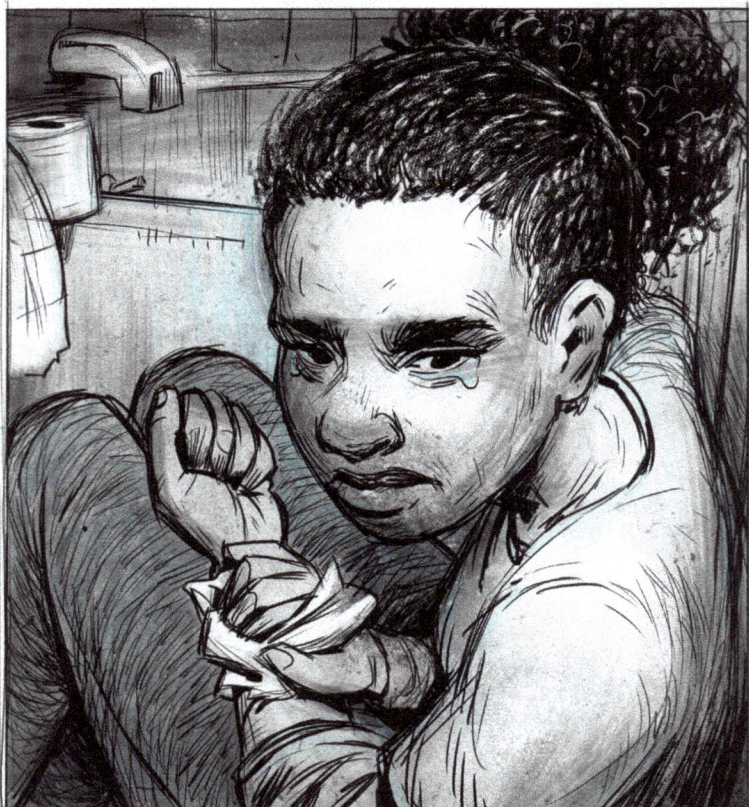

¿Cómo lidio con mi dolor?

«Lastimada»

Voces airadas despertaron a Violeta. Después de todo, se había quedado dormida. Estaba cansada y dolorida de llorar y de pura soledad. Estaba sorprendida al darse cuenta de que la mamá de Tom, Jacqueline, que usualmente era muy calmada, estaba gritándole a su papá sobre lo que le había sucedido a Tony. Se gritaron uno a otro mientras que Rosa cocinaba la cena y trataba de calmarlos.

Violeta no quería tratar con ellos, pero estaba hambrienta, por lo tanto, se acercó tropezando a la mesa y se sentó pensando sobre lo que sucedería si eran echados de ese lugar. El único lugar que les quedaba para ir era un albergue para personas sin hogar —y entonces probablemente sería separada de su papá y llevada a un hogar substituto, como su amiga Jade. Estaba sentada con su barbilla entre sus manos, pensando profundamente, cuando se dio cuenta de que Jacqueline la estaba mirando, esperando una respuesta.

«¿Qué?», dijo Violeta.

«¿Hablaste con Tony? ¿Sabes a dónde fue?», preguntó otra vez Jacqueline.

«Mira —él estaba aquí y su mano estaba lastimada por pegarle a la pared», dijo Violeta. «Él solo necesitaba irse. Déjalo solo, ¿está bien? Tuvo un día realmente difícil».

«¿Cómo pudiste dejarlo ir?», le reclamó Jacqueline, como si fuera culpa de Violeta que Tony se hubiera ido.

Ben la miró y gritó: «¡Mira lo que hiciste! ¿Cómo puedes ser tan estúpida? ¿No sabes que la policía le dijo que se quedara en la casa?».

Violeta miró hacia abajo. *Tiene razón. Soy estúpida. ¿Por qué no traté con más fuerzas para que él se quedara en la casa?*

Cuando Rosa y Jacqueline agarraron sus teléfonos haciendo varias llamadas para encontrar a Tony, de repente, Violeta se paró. En su apuro se llevó la silla por delante, corrió al baño y cerró la puerta. Se sentía agobiada. Extrañaba a su mamá. Nadie la entendía. No le importaba a nadie. Ahora probablemente serían echados de este lugar. Sentía que su vida estaba totalmente fuera de control.

No era un sentimiento nuevo para ella, y quería que se detenga. Cortarse era peligroso y Violeta se odiaba cada vez que lo hacía, pero no podía pensar en ninguna otra cosa para hacer. A tientas buscó una cuchilla de afeitar que ella había ocultado en el estante de arriba del botiquín, se puso de cuclillas sobre el piso, y lo hizo. Se echó a llorar. De alguna manera se sentía mejor —aunque avergonzada. Cuando pudo parar de llorar, se levantó para vendar el corte y esconderlo bajo su camisa.

Cuando salió del baño sus ojos estaban rojos e hinchados. Rosa estaba consolando a Jacqueline y su papá se había ido. Darrel estaba mirando la TV con el volumen alto. Ella fue silenciosamente a su esquina para enviarle un mensaje de texto a Jade.

Mientras tanto, después de detenerse en la biblioteca para cargar su teléfono, Tony había estado dando vueltas por un rato. Se sentía atontado, pero al menos ahora podía oír música —excepto porque era interrumpido porque el teléfono sonaba como loco con personas que trataban de ubicarlo. Él sabía que tenía que contestar, pero por ahora no podía enfrentar el ir a la casa. Cada cosa y cada lugar le recordaban a Raymond. Finalmente se dirigió a la casa de su primo, a unos kilómetros de distancia. Su primo era unos pocos años mayor que él y un adicto peor que él. Vivía en una casa con un montón de otros tipos.

«Hola Tony. Siéntate. Justo estábamos jugando un poco con la Xbox». El cuarto olía a hierba y pizza vieja. Tony trató de contarle lo que sucedió, pero nadie estaba escuchando realmente. Después de un rato, su primo dijo: «Primo, piensas demasiado. Toma un par de caladas y relájate».

De ninguna manera era su primera vez cerca de la hierba, pero Tony había tratado de alejarse de ella —realmente no quería terminar como sus papás. Esa noche, la posibilidad de escapar de sus pensamientos era tan bienvenida que estaba deseando tratar.

PREGUNTAS DE DISCUSIÓN

1. ¿Cuáles fueron los sentimientos de Violeta?
   ¿Cómo respondió ella? ¿Por qué?
2. ¿Cuáles fueron los sentimientos de Tony?
   ¿Cómo respondió él? ¿Por qué?
3. ¿De qué otras maneras podrían haber respondido Violeta y Tony?

_____

_____

_____

ICEBERG

Piensa en los sentimientos difíciles que has experimentado en respuesta a cosas terribles que te hayan pasado. Escríbelos en la parte del iceberg que está debajo de la superficie del agua. Ahora piensa en los comportamientos que son motivados por esos sentimientos difíciles y escríbelos en la parte del iceberg que puede ser vista sobre el agua.

¿CUÁLES SON MIS DISPARADORES?

¿Tienes algún disparador que te recuerde de algo malo que te haya sucedido?

Sentido del gusto

Sentido del olfato

Sentido del tacto

Sentido de la vista

Sentido del oído

EL TRIÁNGULO DE LA SITUACIÓN

Nuestros pensamientos, sentimientos y comportamientos están todos conectados. Cada uno afecta a los demás. Podemos aprender a cambiar nuestros pensamientos, nuestros sentimientos o nuestros comportamientos para ayudarnos a enfrentar una situación. Cambiar uno a menudo tendrá un efecto drástico en los demás.

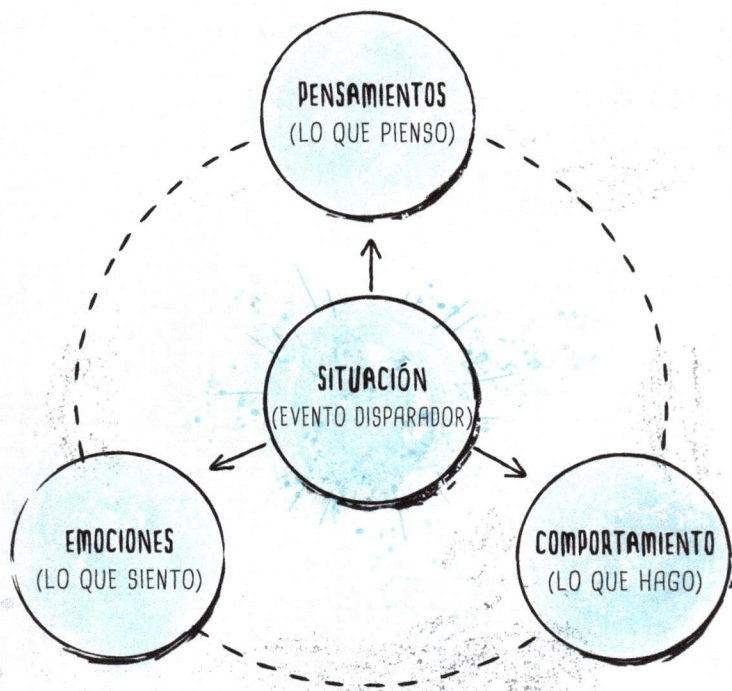

PENSAMIENTOS
(LO QUE PIENSO)

SITUACIÓN
(EVENTO DISPARADOR)

EMOCIONES
(LO QUE SIENTO)

COMPORTAMIENTO
(LO QUE HAGO)

SALMO 13

Señor,
¿hasta cuándo me olvidarás?
¿Me olvidarás para siempre?
¿Hasta cuándo te esconderás de mí?
¿Hasta cuándo mi alma y mi corazón
habrán de sufrir y estar tristes todo el día?
¿Hasta cuándo habré de estar sometido al enemigo?

Señor, Dios mío,
¡mírame, respóndeme, llena mis ojos de luz!
¡Que no caiga yo en el sueño de la muerte!
¡Que no diga mi enemigo: «Lo he vencido»!
¡Que no se alegre si yo fracaso!

Yo confío en tu amor;
mi corazón se alegra porque tú me salvas.
¡Cantaré al Señor por el bien que me ha hecho!

COMPONENTES DE UN LAMENTO

El Salmo 13 es un lamento. ¿Puedes identificar estas partes en el salmo?

1. Dirigido a Dios («Oh Dios»)
2. Repasar la fidelidad de Dios en el pasado
3. **Queja**
4. Pedido de ayuda
5. Promesa de alabar a Dios (o declaración de confianza en Dios)

PREGUNTA EN EL DIARIO

Tómate un tiempo para escribir o crear un lamento a Dios. Lee el Salmo 13 si necesitas ayuda, o piensa qué preguntas te gustaría hacerle a Dios sobre las cosas difíciles de tu vida. Tu lamento puede ser una canción, rap, poema, oración o cualquier otra forma creativa por la que desees expresar tus sentimientos a Dios. No tiene que incluir las cinco partes de un lamento mencionadas arriba.

_____

_____

_____

_____

_____

_____

_____

_____

_____

_____

_____

_____

_____

_____

Me encerró en un cerco sin salida; me oprimió con pesadas cadenas; aunque grité pidiendo ayuda, no hizo caso de mis ruegos; me cerró el paso con muros de piedra, ¡cambió el curso de mis senderos!

Toda mi gente se burla de mí;a todas horas soy el tema de sus burlas. El Señor me ha llenado de amarguras; amarga es la bebida que me ha dado. Me estrelló los dientes contra el suelo; me hizo morder el polvo.

LAMENTACIONES 3:7-9, 14-16

Sesión 4. ¿Cómo lidio con mi dolor?

¿Cómo enfrento mis pérdidas?

«Desconectado»

Tony se despertó con dolor de cabeza. ¿Dónde estaba? Gimió un poco mientras que la memoria de la noche anterior se aclaraba. Se había sentado en el sillón mientras veía jugar a los muchachos videojuegos al tiempo que se les unió fumando hierba y tomando lo que sea que había en esas estúpidas tazas rojas. Ahora el dolor de cabeza comenzaba a tener sentido.

Su primo estaba acurrucado sobre una silla cercana, y lo miró cuando Tony gimió. «Oye. Tu abuela Rosa te está buscando», le dijo. «Le dije que estabas aquí, pero ella quiere que vayas a tu casa».

Tony se estiró y murmuró algo mientras iba hacia la puerta. Tuvo que tener cuidado para no pisar los cuerpos de los otros tipos que estaban desmayados sobre la alfombra. La vista desde la puerta era bastante triste. Le recordaba de las veces que pasó por la casa de Raymond. ¡Oh, Raymond!

Ya en la vereda, revisó su teléfono. Entre su mamá y su abuela Rosa había una tonelada de llamadas y mensajes perdidos. El último texto que recibió fue de Raymond, una selfie mostrando una sonrisa y un rollo de dinero. Tony sonrió, pero entonces recordó. ¿Había sucedido lo de ayer realmente? No podía creerlo. Ray había sido el único amigo de Tony cuando su papá fue arrestado y enviado a prisión; el único que lo apoyó.

Comenzó a caminar lentamente hacia su casa. Después de unas pocas cuadras, se dio cuenta de que estaba realmente enojado. Estaba enojado con Raymond por ser tan estúpido al involucrarse en el asunto en el que estaba. Estaba enojado consigo mismo por no haber hecho algo diferente cuando el auto se detuvo. Si solo hubiera agarrado a Ray y lo hubiera metido en la tienda conmigo.

A medida que se acercaba a su barrio, comenzó a ver a un montón de niños de la escuela por ahí, jugando a la pelota. Claro. Era sábado. Comenzó una carrera para no tener que hablar con nadie. Él y Raymond habían pasado toda la vida en ese lugar, y ahora cada paso parecía que traía otra memoria. No podía imaginarse enfrentar la vida sin su mejor amigo.

Mientras se tropezaba al acercarse a su departamento, Tony pudo oler las galletas horneándose. La abuela Rosa debía estar esperándolo. Se paró fuera de la puerta, temiendo entrar. Está enojado, más un poco culpable por haberse ido. ¿Se daría cuenta alguien de que había estado fumando? Antes de que se alterara más, se abrió la puerta y Rosa abrió sus brazos y lo abrazó. «Te oí en la escalera. Estoy tan contenta de que estés en casa, bebé», le dijo suavemente.

Fueron juntos hasta la cocina para comer alguna de esas increíbles galletas. Rosa comenzó a hacer alguna cosa en la cocina cantando y tarareando una de sus canciones favoritas de la iglesia. Tony se sirvió un vaso de leche y llevó la leche con algunas galletas a su cuarto. Se preguntaba si estaba su hermano Darrel. Debe estar afuera jugando. Violeta vino y se sentó sobre la cama de Darrel.

«Siento mucho lo que le sucedió a Raymond», le dijo. «No es justo. Estuve en problemas porque te fuiste ayer, pero estoy bien ahora. De alguna manera entiendo cómo te sientes».

«¿Cómo podrías saber cómo me siento? ¡No sabes nada sobre mí!», Tony estalló.

«Bueno, yo también estaba enojada cuando mi mamá murió unos años atrás. Yo sé cómo se siente cuando alguien a quien amas muere».

Violeta dijo que él estaba sufriendo. La trabajadora social asignada a su familia de la unidad oncológica del hospital le había dicho sobre las diferentes emociones que una persona experimenta cuando ha sufrido una gran pérdida. «Yo pasé por todas ellas», le dijo. Por un tiempo, ella estaba en negación, sin creer que su mamá estaba enferma. Y después de que su mamaá murió ella estuvo enojada por mucho tiempo.

«A veces, todavía me siento bastante perdida sin ella, pero estoy empezando a acostumbrarme de que se haya ido. Es muy difícil, pero estoy tratando de imaginar una vida diferente sin ella».

Violeta notó que la mano de Tony todavía estaba en carne viva por haber golpeado la pared ayer. «Mira eso, Tony» le dijo. «Ven, deja que te ayude y la limpie».

PREGUNTAS DE DISCUSIÓN

1. ¿Cómo se está sintiendo Tony como respuesta a perder a su mejor amigo, Raymond?
2. ¿Cómo describe Violeta los sentimientos que tenía sobre perder a su mamá?
3. ¿Alguna vez has perdido algo o a alguien importante para ti? ¿Cómo fue esa experiencia?

_____

_____

_____

MIS PÉRDIDAS

¿Cuáles son algunas de las cosas que has perdido? Podrían ser posesiones importantes para ti, una casa, un barrio, una escuela, sueños sobre tu futuro, mascotas, familiares o amigos que hayan muerto.

Toda pérdida causa dolor. El dolor es el sentimiento que tenemos como respuesta a la pérdida. Es el proceso del duelo. Los sentimientos relacionados al dolor pueden incluir ira, tristeza, soledad o temor.

Piensa en tus pérdidas. Para cada uno, ¿te sientes deprimido, enojado, triste, culpable, confundido, aliviado, desesperado, perdido, adormecido, listo para seguir adelante, aceptando? ¿Algo más?

LO QUE HE PERDIDO	CÓMO ME HACE SENTIR

La vida duele. El amor sana.

CALLE DUELO

Nuestras pérdidas son diferentes, pero todos emprendemos un viaje similar al tratar con ellas. Todos pasan por etapas de dolor. Cada etapa es una parte normal y saludable del proceso de duelo. A veces volvemos a una etapa anterior por un tiempo. A veces nos quedamos estancados y necesitamos ayuda. Pero no hay manera de evitar el viaje.

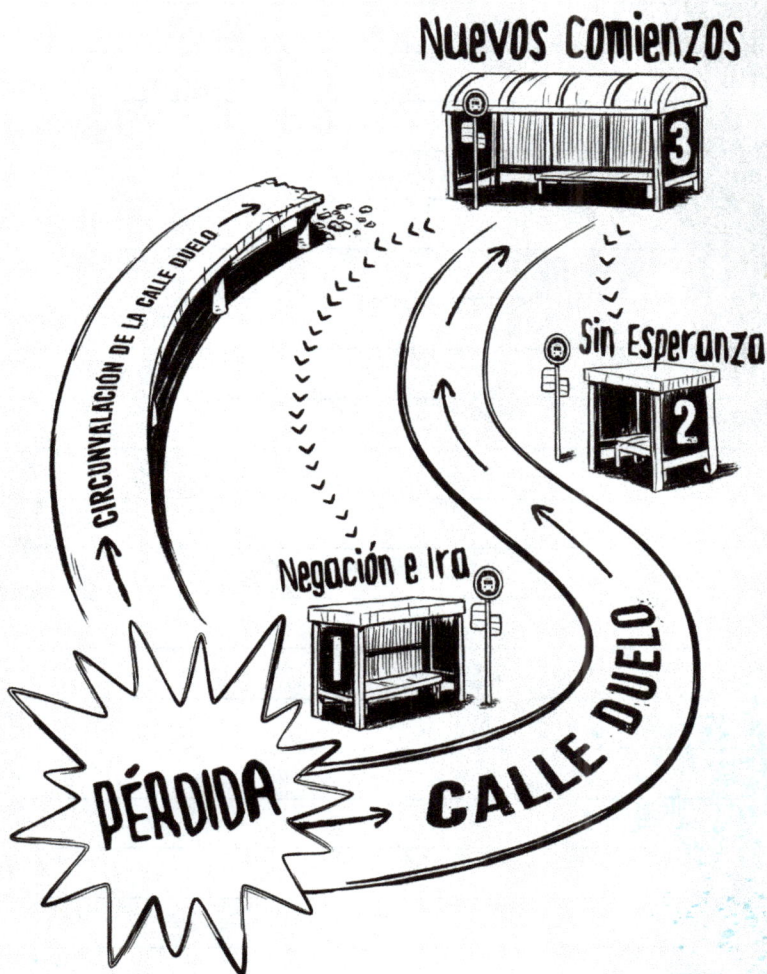

PREGUNTA EN EL DIARIO

¿Cuándo perdiste algo o a alguien realmente importante para ti? ¿Qué hizo alguna persona que fue útil, o que te hubiera gustado que hiciera para ayudarte? ¿Cómo te sientes ahora sobre esa pérdida?

_____

_____

_____

_____

_____

_____

_____

_____

_____

_____

_____

_____

_____

_____

_____

_____

_____

_____

_____

_____

_____

_____

_____

_____

_____

_____

_____

_____

_____

_____

_____

_____

_____

_____

_____

_____

_____

_____

El Señor está cerca, para salvar a los que tienen el corazón hecho pedazos y han perdido la esperanza. **SALMO 34:18**

_____

_____

_____

_____

_____

_____

_____

_____

_____

_____

_____

_____

_____

_____

_____

_____

_____

_____

_____

_____

_____

Tú llevas la cuenta de mis huidas; tú recoges cada una de mis lágrimas. ¿Acaso no las tienes anotadas en tu libro? **SALMO 56:8**

_____

_____

_____

_____

_____

_____

_____

_____

_____

_____

_____

_____

_____

_____

Estoy cansado de llorar. Noche tras noche lloro tanto que inundo de lágrimas mi almohada. **SALMO 6:6**

Alabado sea el Dios y Padre de nuestro Señor Jesucristo, pues él es el Padre que nos tiene compasión y el Dios que siempre nos consuela. Él nos consuela en todos nuestros sufrimientos, para que nosotros podamos consolar también a los que sufren, dándoles el mismo consuelo que él nos ha dado a nosotros. **2 CORINTIOS 1:3-4**

SESIÓN 6.

¿Y mis límites personales?

«Usada»

Después de vendar la mano de Tony, Violeta volvió a su pequeña esquina. Se sentó sobre la cama y revisó su teléfono. Estaba lleno de mensajes de su amiga Jade. Después de desplazarse para ver como cincuenta emoticones de caras de miedo, se dio cuenta de que Jade quería que fuera pronto.

Violeta agarró su abrigo y salió. ¿Qué podría andar mal? Esperaba que, sea lo que fuera, no sea que Jade tenía que cambiar otra vez de familia adoptiva. Eso implicaría para ella una nueva escuela y quizá más soledad para Violeta. Sacó ese pensamiento de su cabeza. El padre adoptivo de Jade, un maestro de escuela secundaria y entrenador asistente de baloncesto, parecía realmente bueno —todos en el barrio lo llamaban Entrenador. Él y su esposa eran gente de iglesia bastante tradicional, pero eran realmente buenos con Jade. Violeta esbozó una sonrisa cuando pensó cuán confundida estaba mucha gente sobre Jade y en quién podría estar interesada, porque ella coquetea tanto con muchachos como con chicas. Como el color de su cabello, sus atenciones parecían cambiar cada quince días.

«Hola, Violeta», dijo la mamá adoptiva de Jade cuando abrió la puerta. «Jade está escondida en su cuarto». Violeta respondió el saludo y corrió subiendo las escaleras. Ella irrumpió en el cuarto y cerró la puerta detrás de ella, y entonces se dio vuelta conmocionada. Su mejor amiga estaba acurrucada sobre el piso.

Violeta se agachó cerca de ella. «Jade, ¿qué te pasa?».

Jade levantó su rostro bañado de lágrimas. «Estoy embarazada», le dijo.

La mente de Violeta se aceleró, pero trató de mantener su voz tranquila. «¿Qué sucedió?».

«¿Conoces a Darío?». Claro que lo conocía. Darío era el capitán del equipo de baloncesto. Violeta recordaba que él y Jade habían estado hablando recientemente. Ellos habían salido un par de veces.

Llevó un tiempo para que saliera toda la historia. Unas pocas semanas atrás, Darío le había pedido a Jade que saliera con él y otros muchachos a comer algo después de la práctica. Él le demostraba mucha atención —le abría las puertas, le besaba el cuello, la llevaba a pasear con el brazo sobre sus hombros. Después de comer, él le preguntó si quería ir a su casa a ver una película. Ellos terminaron solos sobre el sillón. Él siguió avanzando y diciéndole qué linda era. Ella seguía deteniéndolo, pero finalmente cedió un poco. Sin duda ella no quería tener sexo con ese muchacho todavía. Pero Darío seguía presionando. Él le dijo que la había observado por mucho tiempo, que estaba totalmente enamorado de ella. Incluso entonces, Jade dijo, ella tenía dudas de si sería verdad, pero era lindo escucharlo.

Por lo tanto, lo hicieron. Después de que terminaron, él le dijo que ella debía irse porque iba a dormir —tenía que cuidar su cuerpo si quería llegar a ser profesional. No fue la primera vez con un muchacho, pero eso era algo nuevo, dijo Jade. Ella se sintió usada. Ahora Darío no respondía sus mensajes y la ignoraba en el salón. Peor de todo, todos parecían saberlo. Las otras chicas la llamaban zorra. Y ahora tenía un positivo en la prueba de embarazo.

Jade miró a Violeta. «No puedo hacerlo», dijo. «Me van a echar de esta casa». Se paró de repente y dijo en un suspiro: «Tengo que arreglar esto, ahora», y salió corriendo de su cuarto. Violeta pudo escuchar que bajaba la escalera y cerraba la puerta de la calle. Violeta se sentó sobre el piso, aturdida.

La vida duele. El amor sana.

PREGUNTAS DE DISCUSIÓN

1. ¿Por qué Jade cedió ante Darío?
2. ¿Fue Jade violada por Darío?
3. ¿Por qué rechazaba Darío a Jade?

_____

_____

_____

EL BLANCO DE LOS LÍMITES

Tenemos diferentes límites para diferentes personas en nuestra vida.
Haz un dibujo que te ubique en el medio. Luego completa los nombres
de familiares, mejores amigos, otros amigos, conocidos y otros. Coloca
a aquellos con quienes te sientas más seguro cerca del círculo central.
¿Está Dios en tu círculo? Si es así, ¿en qué círculo está?

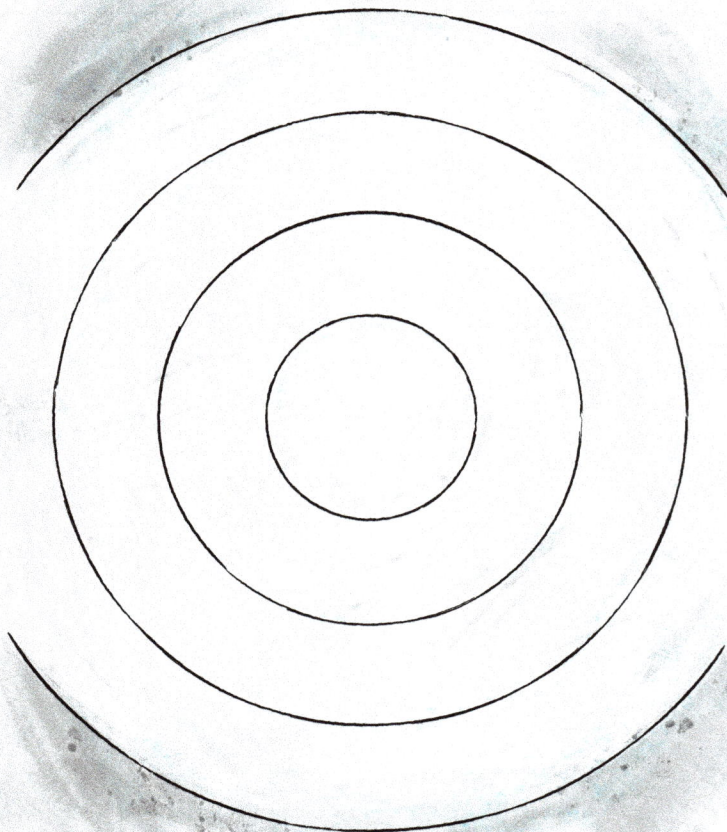

LA RUEDA DE PODER

Todos tenemos poder, pero no todos tienen la misma cantidad de poder. Todos nosotros podemos usar nuestro poder para cuidar a las personas o para lastimar a las personas. Cada vez que se usa el poder de una manera que viola la confianza y la seguridad, eso se llama abuso. Este gráfico nos ayuda a considerar varias categorías de poder y las maneras en que los seres humanos usan y abusan de ese poder.

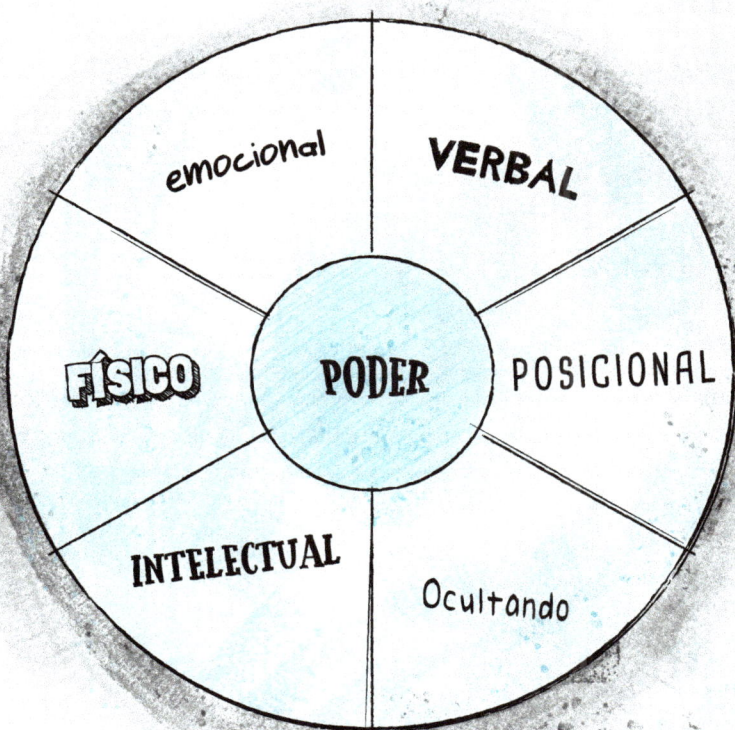

MANTENIENDO LOS LÍMITES

Observa: Presta atención a cosas que te hacen enojar, estar ansioso o frustrado. Esas son señales que te ayudan a conocer dónde están tus límites. ¿Cuáles son tus señales de límite?

Sé claro y directo: Si una persona está cruzando tus límites, dile algo al respecto. ¿Hay alguien en tu vida que cruce tus límites?

Date permiso: Recuerda que los límites saludables son necesarios para cada relación. No te sientas avergonzado o culpable por decirlo. ¿Hay alguien con quien necesites establecer límites claros?

Consigue apoyo de otros: Habla con alguien en quien confíes—un consejero, un amigo, un padre. ¿Con quién puedes hablar?

Practica el cuidarte a ti mismo: Establecer y guardar los límites puede ser estresante, por lo tanto, ten cuidado de ti durante los tiempos en que tus límites son probados. ¿Cómo te cuidas?

SALMO 142

Con fuerte voz clamo al Señor,
con fuerte voz le pido misericordia.
En su presencia expongo mi queja,
en su presencia doy a conocer mi angustia
cuando me encuentro totalmente deprimido.
Señor, tú conoces mi camino:
en el camino por donde voy,
me han puesto una trampa.
Vuelvo la mirada a la derecha
y nadie viene en mi ayuda.
¡No hay nadie que me defienda!
¡No hay nadie que se preocupe de mí!
A ti clamo, Señor,
y te digo: «Tú eres mi refugio;
tú eres todo lo que tengo en esta vida.»
Presta atención a mis gritos,
porque me encuentro sin fuerzas.
Líbrame de los que me persiguen,
porque son más fuertes que yo.
Sácame de mi prisión
para que pueda yo alabarte.
Los hombres honrados me rodearán
cuando me hayas tratado bien.

Preguntas de discusión

1.   ¿Puedes relacionarte con alguno de los sentimientos que
     expresa el escritor de este poema?
2.   ¿Qué partes de este lamento reflejan cómo puede sentirse una
     persona que ha sido abusada?

ACTIVIDAD EN EL DIARIO

¿Qué relaciones en tu vida involucran límites comprometidos?
¿De qué límites te beneficiarías al poner en su lugar a algunas de
tus relaciones?

_____

_____

_____

_____

_____

_____

_____

_____

_____

_____

_____

_____

_____

_____

_____

_____

_____

_____

_____

La vida duele. El amor sana.

_____

_____

_____

_____

_____

_____

_____

_____

_____

_____

_____

_____

_____

_____

_____

_____

Antes que cualquier otra cosa, adquiere sabiduría y buen juicio.
PROVERBIOS 4:7

Cuida tu mente más que nada en el mundo, porque ella es fuente
de vida. **PROVERBIOS 4:23**

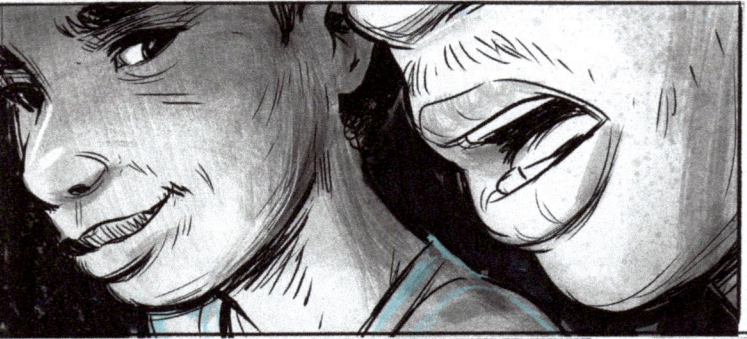

SESIÓN 7.

¿Cómo puedo contar mi historia?

«Conectados»

Violeta se puso en pie lentamente; su cabeza le daba vueltas. No podía creer lo que le había pasado a ella y sus amigos en los últimos días. La casa estaba en silencio. La familia adoptiva de Jade debía estar ocupada o fuera. Violeta bajó las escaleras, salió por la puerta del frente y se sentó en los escalones con su cabeza apoyada entre sus manos.

«Hola, Violeta. ¿Qué pasa?». El entrenador se acercaba por la vereda con una pelota de baloncesto bajo su brazo. Se sentó sobre los escalones junto a Violeta y estuvieron callados por unos pocos minutos. Un par de veces, Violeta miró furtivamente al entrenador para ver qué estaba haciendo, pero él solo estaba sentado mirando hacia la calle.

Después de un rato, ella dijo. «Entrenador, ¿puedo preguntarle algo?».

«Claro que puedes», le respondió.

«Bien, parece que todos mis amigos están realmente luchando en este momento y no sé qué hacer para ayudarlos. No es que yo tenga todas mis cosas solucionadas», ella dijo, «y no sé cuánto más de esto puedo manejar».

El entrenador asintió con la cabeza. «¿Qué sucedió?», le preguntó. Violeta sabía que no podía contarle sobre Jade, por lo tanto, habló sobre Tony. Ella le contó sobre cuán cercanos eran él y Raymond, y cómo se sintió cuando llegó a la casa y vio sangre en la sudadera de Tony. Incluso le contó cuando Tony golpeó la pared. También dijo que lo

81

que hizo todo más difícil fue el recuerdo de la muerte de su mamá —y hoy es el aniversario de la primera vez que supieron que tenía cáncer.

«Es un montón de cosas para enfrentar, Violeta», dijo el entrenador. «Dime, ¿cómo te hace sentir todo esto?».

«Estresada, un poco asustada, y realmente triste», dijo Violeta.

«¿Y cuál es la parte más difícil para ti en todo esto?», preguntó el entrenador calmadamente.

Violeta se encogió de hombros. «Supongo que sentirme tan impotente. No puedo cambiar nada de todo esto».

«Tienes razón», dijo el entrenador. «No puedes. Y eso es realmente difícil».

Violeta hizo una pausa para pensar en eso. Luego dijo: «Ya me siento mejor solo por haber hablado con usted. Gracias por escuchar».

«De nada. Escucha, Violeta. Cuanto más puedas hablar con alguien sobre algo terrible que te haya sucedido, menor será el poder de ese recuerdo sobre ti, y así no puede causarte tanto dolor. Cuanto más cuentes tu historia, mayor poder tendrás sobre el mal recuerdo. Por eso te sientes un poco mejor ahora —por hablar sobre ello».

«Nunca pensé sobre eso de esa manera», dijo Violeta. «No cambia las cosas que sucedieron, pero supongo que ya no me siento sola».

«Bien, me alegro que hayas confiado en mí lo suficiente como para compartir tu historia conmigo —creo que eso te ayudará a manejar los temas difíciles que estás enfrentando en este momento».

Violeta se paró. Le agradeció al entrenador otra vez y se dirigió a su casa. Cuando entró por la puerta, todo estaba tranquilo. Tony estaba jugando a los videojuegos en la sala de estar con sus auriculares. Jacqueline y Rosa estaban hablando en la cocina. Darrell estaba en su cuarto.

Violeta se sentó cerca de Tony. Él siguió jugando, pero deslizó sus auriculares hasta sus hombros. Cuando terminó el nivel, dijo: «¿Qué pasa, V.?».

«Jade está embarazada», se le escapó, «y Darío es el papá».

Tony se volvió hacia ella. «¿*Qué?*».

Violeta le contó la historia y cómo Jade salió corriendo, probablemente para encontrar una clínica de abortos. Entonces ella le contó a Tony sobre su charla con el entrenador y por qué eso la hizo sentirse menos estresada.

«Es como que tiene sentido», dijo Tony.

Violeta lo miró. «Entonces... ¿por qué no le cuentas a alguien todo lo que te pasó en los últimos días?», dijo ella. Tony apagó el juego, se sacó los auriculares, y empezó a hablar.

PREGUNTAS DE DISCUSIÓN

1. ¿Por qué es útil compartir nuestras historias?
2. ¿Qué hace que contar nuestras historias sea tan difícil?
3. ¿Qué piensa sobre la idea del entrenador de que las memorias tienen y pierden poder?
4. ¿Qué tres preguntas le hizo el entrenador a Violeta?

_____

_____

_____

TRES PREGUNTAS AL ESCUCHAR

1. ¿Qué pasó?
2. ¿Cómo te sentiste?
3. ¿Cuál fue la parte más difícil para ti?

LAS CALIDADES DE UN BUEN ESCUCHADOR

_____

_____

_____

_____

_____

¿CÓMO ESCUCHA DIOS?

Señor, tú escuchas la oración de los humildes, tú los animas y los atiendes. **SALMO 10:17**

Porque tú, Señor, eres bueno y perdonas; eres todo amor con los que te invocan. **SALMO 86:5**

¡Pero él me escuchó y atendió mis oraciones! ¡Bendito sea Dios, que no rechazó mi oración ni me negó su amor! **SALMO 66:19-20**

El Señor está cerca de los que lo invocan, de los que lo invocan con sinceridad. **SALMO 145:18**

Pero él no usaría la fuerza como argumento, sino que me escucharía. **JOB 23:6**

DIARIO

Usa este espacio para escribir o dibujar la historia de un momento difícil, tal vez incluso tu recuerdo más doloroso. Escribe o dibuja lo que se te ocurra. Dibujar símbolos (guitarra, sombrero, monopatín) en lugar de personas reales podría ser más fácil para algunos. Recuerda, esto es solo para ti a menos que elijas compartirlo.

La vida duele. El amor sana.

¿A dónde puedo llevar mi dolor?

«Nunca solo»

Tony y Violeta hablaron por mucho tiempo. Finalmente, Violeta se paró y fue a buscar algo para comer antes de ir a la cama. Estaba exhausta debido a su intenso día, pero se sentía bien porque pudo ayudar a que Tony se sintiera mejor. Ahora si Jade solo respondiera a sus mensajes de texto.

Tony se desplomó sobre el sillón. Estaba cansado. La abuela Rosa vino y se acomodó en la silla cerca de su cabeza. Ella traía la sudadera ya limpia de Tony en sus manos, y se estaba preparando para coser la manga desgarrada. Puso la sudadera sobre su regazo, miró a Tony amablemente, y levantó su mano para ponerla sobre el hombro de Tony. «Tony, ¿qué puedo hacer para ayudar?», preguntó.

«No sé si alguien pueda ayudarme, abuela. Duele demasiado», le respondió.

Rosa le dijo que era normal que se sintiera herido. «Pero no estás solo», dijo ella. «Extrañaremos a Raymond». Ella le recordó que ella y su mamá y Darrell, más Violeta y sus amigos en la escuela, estaban todavía ahí con él.

Tony negó con la cabeza. «Pero no sé en quién puedo confiar para que *esté* conmigo». Dobló su cuello para mirar a su abuela. «Incluso tú no siempre estarás aquí para mí», dijo calmadamente.

Rosa sonrió. «Eso es verdad, Tony», le dijo. «Pero hay alguien que siempre puede estar ahí para ti. Deja que te cuente una historia de cuando yo era una niña». Tony se dio cuenta de que él nunca había oído mucho sobre su niñez. Rosa le dijo a Tony que cuando era más joven que él, sus dos padres habían muerto. Ella tomó a su cargo la crianza de sus cinco hermanos más jóvenes, y a menudo sentía que a nadie le importaba.

«Fue muy difícil, y muchas, muchas veces me sentí completamente sola. Pero encontré a alguien que nunca me abandonaría sin importar lo que sucediera alrededor de mí. Su nombre es Jesús. Él ha sido un gran consuelo para mí en aquellos años».

Tony no dijo nada. Rosa siempre iba a la iglesia, y ella lo había llevado algunas veces, pero eso nunca había sido lo suyo. Se sentó junto a ella y se preguntaba sobre lo que ella recién le había dicho.

«Tony», dijo Rosa calmadamente. «Quiero que sepas que Jesús es alguien que puede comprenderte y ayudarte a enfrentar tu dolor».

«Aun si quisiera, no sé cómo hacer eso», dijo Tony. Su garganta estaba tensa por su frustración.

«Todo lo que tienes que hacer es hablar con él», dijo Rosa, y le preguntó si ella podía orar por él ahora mismo.

Tony se encogió. «En realidad prefiero que no, abuela», le dijo.

«Comprendo», dijo Rosa. «Puede ser bastante difícil hablar con Dios después de que suceden cosas horribles. Estaré orando por mi cuenta. Recuerda, Tony, Jesús siempre está contigo y nunca te abandonará. Puedes hablar con él en cualquier momento. Eso es la oración —no tiene por qué ser más complicado que eso. Siempre me siento mejor cuando le cuento mis problemas».

Rosa se fue a la cama y Tony se sentó en el sillón pensando en lo que ella le había dicho. Tony pensó sobre cuánto dolor tenía dentro. Recordó que hablar con Violeta lo ayudó a sentirse mejor. Quizá lo ayudaría si también hablaba con Jesús. No haría daño, de todas maneras.

PREGUNTAS DE DISCUSIÓN

1. ¿La charla con la abuela Rosa ayudó a Tony?
2. ¿Alguna vez has tenido una conversación con Dios?
3. Así que, ¿quién es Jesús?

_____

_____

_____

¿QUIÉN ES JESÚS?

_____

_____

_____

_____

_____

_____

_____

_____

_____

_____

_____

_____

_____

_____

_____

_____

_____

Pero lo cierto es que Cristo ha resucitado. Él es el primer fruto de la cosecha: ha sido el primero en resucitar. Así como por causa de un hombre vino la muerte, también por causa de un hombre viene la resurrección de los muertos. Y así como en Adán todos mueren, así también en Cristo todos tendrán vida. **1 CORINTIOS 15:20-22**

La vida duele. El amor sana.

ACTIVIDAD DEL DIARIO

Imagina que Jesús está sentado contigo y esperando oír lo que sea que estás pensando. ¿Tienes preguntas para él? ¿Estás batallando para creer las cosas que has escuchado sobre él? ¿Cómo se siente traer tu dolor a la cruz? Expresa lo que hay en tu corazón en una carta o dibujo dirigido a él.

_____

_____

_____

_____

_____

_____

_____

_____

_____

_____

_____

_____

_____

_____

_____

_____

_____

_____

La vida duele. El amor sana.

_____

_____

_____

_____

_____

_____

_____

_____

_____

_____

_____

_____

_____

_____

_____

_____

_____

_____

_____

Y sin embargo él estaba cargado con nuestros sufrimientos, estaba soportando nuestros propios dolores. Nosotros pensamos que Dios lo había herido, que lo había castigado y humillado. Pero fue traspasado a causa de nuestra rebeldía, fue atormentado a causa de nuestras maldades; el castigo que sufrió nos trajo la paz, por sus heridas alcanzamos la salud. Todos nosotros nos perdimos como ovejas, siguiendo cada uno su propio camino, pero el Señor cargó sobre él la maldad de todos nosotros. **ISAÍAS 53:4-6**

SESIÓN 9.

¿Cómo puedo perdonar?

«Imposible»

Violeta estaba exhausta, pero no podía dormir. Estaba acostada sobre su cama jugando juegos en su teléfono cuando finalmente recibió un mensaje de Jade. Ella había ido a la clínica de abortos, llenó algunos papeles y habló con un consejero.

Violeta no sabía qué responderle, pero afortunadamente Jade seguía escribiendo. Le dijo que no sabía qué más hacer y que todavía no se lo había dicho al entrenador. «Y mañana es domingo», escribió. «Tendré que ir a la iglesia con ellos. No quiero enfrentarlo sola. ¿Puedes venir conmigo?».

¿A la iglesia? Violeta se estremeció cuando recordó aquella señora que trató de hacerla ir a la iglesia, pero el entrenador parecía ser muy diferente, por lo que ella estaba dispuesta a darle una oportunidad por el bien de Jade.

Violeta le envío a Jade un «sí». Entonces, sin descansar, se levantó y caminó a la sala de estar. Tony todavía estaba despierto. Violeta le preguntó si quería ir con ellos también. Para su sorpresa, le dijo que sí.

Violeta no había ido a la iglesia desde que su mamá se enfermó. Cuando la siguiente mañana ella y Tony se encontraron con Jade en el frente de la iglesia, estaban sorprendidos por cuánta gente que ellos reconocían. Cuando entraron, se sorprendieron porque todo era tranquilo, y después de unos minutos de sentirse incómodos, se dieron cuenta que su estrés iba desapareciendo. Aquello era bien diferente a lo que pensaron que sería.

«Vamos a una clase antes de que la reunión principal comience aquí», dijo Jade. «Vamos».

Cuando llegaron al salón de clase, el líder estaba hablando sobre el perdón. Él contó la historia de un muchacho llamado José a quien sus hermanos vendieron como esclavo. Le pasaron muchas cosas malas, pero al final los perdonó. José pudo decir a sus hermanos que aunque ellos intentaron dañarlo, Dios cambió sus acciones en bien.

Entonces él habló de Jesús y cómo también había sufrido cosas que no merecía, y que había muerto en la cruz para perdonar a la gente por todas las cosas malas que alguna vez hubieran hecho, y también para sanar sus heridos corazones. Él dijo que de la manera como Jesús había perdonado a todos, nosotros necesitamos perdonar a otros también. Él concluyó con una descripción gráfica. Aferrarse a las heridas causadas por otras personas es como un peso que cargamos cada día —o como que estamos atados a esa persona.

Tony había estado prestando atención. Todo estuvo bien hasta que escuchó eso ¿*Perdonar*? ¿Perdonar a esos tipos que mataron a Raymond? ¿Perdonar a Ben por aprovecharse de su mamá? ¿Perdonar a su papá por arruinarle la vida? De ninguna manera. Imposible.

Cuando la reunión terminó, el entrenador invitó a Violeta y a Tony para almorzar. Ante de que entraran a la casa, el entrenador separó a Tony. «¿Podemos caminar un minuto?», le preguntó. Los otros cerraron la puerta detrás de ellos cuando el entrenador y Tony se sentaron en los escalones.

«¿Cómo estás, Tony?», le preguntó el entrenador. «Estaba preocupado por ti cuando supe que la lección era sobre el perdón. Probablemente, esa era la última cosa que querías escuchar hoy, con lo que le sucedió recientemente a Ray».

«Mire. ¡No hay ninguna posibilidad de que pueda olvidar lo que esos tipos le hicieron a Ray! ¡Ni siquiera me lo pida!».

«No lo hago», dijo el entrenador. «Perdonar no es lo mismo que olvidar. Es más como dejarlo ir, y es muy difícil. Perdonar puede tomar un buen tiempo».

Tony se paró. «Lo lamento, entrenador. Ahora no tengo hambre». Cuando se alejaba, escuchó al entrenador decir: «Lo comprendo, Tony. Ven en cualquier momento en que necesites hablar».

El entrenador entró y se unió a los otros a la mesa. «Tony quiere estar a solas ahora», dijo, «entonces, ¿qué piensan ustedes dos sobre la lección sobre el perdón de esta mañana?».

«Creo que tengo que perdonar a mi mamá por morir de cáncer», dijo Violeta, «aunque no fue su culpa. Todavía me hace enojar que ella se haya ido, a veces la culpo aunque eso no tenga ningún sentido. Es complicado. Quizá yo también necesito ayuda».

El entrenador sonrió. «Bien», dijo, «ser amigo de Jesús es un buen primer paso para poder encontrar el perdón. Él te puede ayudar a dejar ir la ira y la amargura que sientes».

Después del almuerzo, Violeta caminó sola por la calle, pensando en lo que el entrenador había dicho. Cuando llegó a un parque y encontró un banco libre, se sentó y decidió hablar con Jesús por un rato.

PREGUNTAS DE DISCUSIÓN

1. ¿Cuáles pueden ser algunas de las razones por las que Violeta se estremeció cuando recordó a la señora de la iglesia? (algunos adolescentes pueden estar batallando con la hipocresía y santurronería que ellos ven en algunos miembros de iglesia, y con las inútiles respuestas de algunos respecto al dolor. Ayúdalos a comprender que los que van a la iglesia no son más perfectos que los que no asisten a la iglesia; todos necesitamos la ayuda y la sanidad de Dios).

2. ¿Por qué Tony pensaba que el perdón es algo imposible?

3. ¿Qué dijo el entrenador sobre el perdón?

4. ¿Cuándo has batallado con el perdón?

_____

_____

_____

EL VERDADERO PERDÓN

EL PERDÓN NO ES...	EL PERDÓN ES...

La vida duele. El amor sana.

EL LABERINTO

Este patrón se toma del suelo de la catedral en Chartres, Francia. Puede ayudar a ilustrar nuestro camino hacia el perdón. Piensa en alguien que necesitas perdonar. (¿Necesitas perdonarte a ti mismo?) Escribe sus iniciales a un lado o en el centro. Ahora traza tu dedo lentamente a lo largo del camino del laberinto mientras piensas en dejar ir tu ira o dolor. Pídele ayuda a Dios.

PREGUNTA EN EL DIARIO

¿Qué cosa nueva has aprendido sobre el proceso para perdonar?

_____

_____

_____

_____

_____

_____

_____

_____

_____

_____

_____

_____

_____

_____

_____

_____

_____

_____

_____

_____

La vida duele. El amor sana.

_____

_____

_____

_____

_____

_____

_____

_____

_____

_____

_____

_____

_____

_____

_____

_____

_____

_____

_____

_____

Queridos hermanos, no tomen venganza ustedes mismos, sino dejen que Dios sea quien castigue; porque la Escritura dice: «A mí me corresponde hacer justicia; yo pagaré, dice el Señor.» **ROMANOS 12:19**

Pero si confesamos nuestros pecados, podemos confiar en que Dios, que es justo, nos perdonará nuestros pecados y nos limpiará de toda maldad. **1 JUAN 1:9**

SESIÓN 10.

¿Cómo sigo avanzando?

«Remendado»

La siguiente semana fue borrosa para Tony. Trató de volver a la escuela, pero fue difícil. Estaba tan distraído por sus pensamientos que llenaban su mente que era realmente difícil concentrarse. Su atención estaba permanentemente a la deriva en sus clases. Por otro lado, pensaba, al menos la gente estaba tratando de mostrarle que se preocupaba por él —más gente trataba de cruzar la vista con él y sonreírle en el pasillo. La escuela tuvo una reunión conmemorativa por Raymond. Docenas de muchachos se presentaron para mostrar sus respetos, y le pidieron a Tony que dijera unas palabras sobre Ray. La semana terminó con un funeral de viernes a la noche en la iglesia de la abuela Rosa. Después del servicio, la abuela Rosa le preguntó a Tony qué pensaría sobre ir a la iglesia con ella el domingo. Tony decidió hacer la prueba.

Tony se sorprendió al ver varias personas de la escuela en la iglesia de la abuela Rosa el domingo, incluyendo a tres muchachos del equipo de baloncesto JV. Se sintió fuera de lugar hasta que uno de los muchachos vino y se sentó a su lado. Después de la reunión, ellos pasaron un tiempo juntos en la vereda, y el muchacho lo invitó al grupo de jóvenes el miércoles. Tony estaba un poco sorprendido al ver que podía reír y hacer bromas con ellos. Por primera vez, Tony sintió un pequeño destello de esperanza junto a su tristeza por Ray.

Violeta se despertó cansada el domingo. Los eventos de la semana, más tratar de ser buena amiga de Jade y Tony, la habían agotado. Pero al pensar en la semana cuando se estaba vistiendo, se dio cuenta de que se sintió mucho menos estresada después de aquella primera charla con el entrenador y luego de esa conversación sobre el perdón. Ella incluso había pensado sobre hablar con el consejero de la escuela sobre su batalla con cortarse, para ver si eso podría ayudarla.

El entrenador la había invitado nuevamente a su iglesia y ella decidió ir otra vez con Jade. Mientras iba allí, Violeta le dijo a Jade sobre ver a un consejero en la escuela. Ella se dio cuenta que Jade todavía estaba muy perturbada sobre su situación y se acercó a ella para darle un abrazo. Se sentía feliz por tener una familia con la cual estar. Quizá podría hacer nuevos amigos entre la gente de la iglesia.

Cuando terminó la reunión, la abuela Rosa y Tony fueron a la casa. «¿Qué te parece si pedimos pizza?», preguntó la abuela Rosa cuando ella y Tony entraron a la casa. «Creo que todavía tenemos algunas galletas también». Jacqueline entró a la sala de estar donde Darrel estaba jugando con unos videojuegos. Tony miró alrededor. Estaba feliz por tener una familia con la que estar cuando llegaba a la casa.

Darrell había estado preocupado sobre Tony desde que él golpeó la pared de su cuarto, por lo tanto, Jacqueline y Tony se pusieron a trabajar para arreglarla esa tarde. Cuando trabajaban lado a lado, Tony le habló a su mamá sobre todo lo que le había sucedido en la semana y que él incluso había tratado de hablarle a Dios sobre el dolor en su corazón.

«¿Qué crees que debes hacer ahora?», preguntó Jacqueline.

Tony pensó por un momento antes de responder. La mayoría de las cosas no habían cambiado: él todavía vivía en un pequeño departamento con muchas personas, su papá seguía en la cárcel, Ray seguía muerto y Ben todavía seguía en el sillón. Pero comenzaba a sentirse diferente por dentro.

«Muchas cosas todavía eran un desastre, pero estoy comenzando a ver algunas cosas que no había notado antes», respondió.

Rosa entró al cuarto de Tony con su sudadera en la mano. Cuando entraba, ella había escuchado lo que Tony dijo. Le pasó la sudadera ya cosida. Tony permaneció callado por un momento.

«Gracias por arreglar mi sudadera, abuela», le dijo. Y le dio un abrazo. «Odio lo que pasó. Pero al mirar esto también me recuerda que al menos soy amado y no estoy solo».

PREGUNTAS DE DISCUSIÓN

1.   ¿Qué pasos había tomado Violeta para sentirse mejor?
2.   ¿Por qué Tony sentía más paz?
3.   Piensa sobre toda esta historia. ¿Con qué personaje te identificas más? ¿Por qué?

_____

_____

_____

¿QUÉ VES EN MI?

A menudo, tus amigos y seres queridos pueden ver cosas buenas en ti que podrías perder.

APRENDIENDO A PERDONARME

El Señor es tierno y compasivo;
es paciente y todo amor.

No nos reprende en todo tiempo ni su rencor es eterno;
no nos ha dado el pago que merecen nuestras maldades y pecados;

tan inmenso es su amor por los que lo honran
como inmenso es el cielo sobre la tierra.

Nuestros pecados ha alejado de nosotros,
como ha alejado del oriente el occidente.

El Señor es, con los que lo honran,
tan tierno como un padre con sus hijos;

pues él sabe de qué estamos hechos:
sabe bien que somos polvo.

SALMO 103:8-14

ACTIVIDAD DEL CONTENEDOR

Crea tu propio contenedor a continuación. En el contenedor, escribe o dibuja cualquier cosa dolorosa que no puedas llevar en este momento. Déjalos aquí, y vuelve y trata con ellos en otro momento más tranquilo. ¿Quieres pedirle a Jesús que los guarde para ti?

La vida duele. El amor sana.

CUIDANDO DE TI MISMO

Hacer algo activo por ti mismo o por alguien más puede ayudar a liberar la tensión causada por el estrés. ¿Esta lista te hace pensar en algo más que podrías hacer?

Ejercicio

- Salir a caminar o correr
- Hacer yoga, tai chi o aeróbicos
- Bailar a tu musica favorita
- Montar tu bicicleta
- Hacer saltos
- Ir a la sala de pesas, la piscina o la cancha de básquetbol en un gimnasio

Dar a alguien más

- Ayudar a alguien en necesidad
- Sonreír a un extraño
- Orar por alguien
- Ser voluntario en un refugio de animales, un centro comunitario, una iglesia, _____
- Hacer un acto de bondad al azar (o intencional)

Autocuidado

- Masajear tus manos con loción.
- Pintar tus uñas
- Hacer alguna obra de arte
- Cocinar una comida
- Limpiar tu casa
- Tomar una larga ducha
- Cepillarte el pelo
- Comprar tu golosina favorita
- Comer comida sana
- Tomar una siesta

¿Qué otras actividades te hacen feliz?

-
-

MI RED DE APOYO

LO QUE NECESITO	QUIÉN ME PUEDE AYUDAR

La vida duele. El amor sana.

PREGUNTA DEL DIARIO

¿Qué harás para continuar tu viaje de sanación?

_____

_____

_____

_____

_____

_____

_____

_____

_____

_____

_____

_____

_____

_____

_____

_____

_____

_____

_____

_____

La vida duele. El amor sana.

_____

_____

_____

_____

_____

_____

_____

_____

_____

_____

_____

_____

_____

_____

_____

_____

_____

_____

«Vengan a mí todos ustedes que están cansados de sus trabajos
y cargas, y yo los haré descansar. Acepten el yugo que les pongo,
y aprendan de mí, que soy paciente y de corazón humilde; así
encontrarán descanso. Porque el yugo que les pongo y la carga que
les doy a llevar son ligeros.» **MATEO 11:28-30**

_____

_____

_____

_____

_____

_____

_____

_____

_____

_____

_____

_____

_____

_____

_____

_____

_____

_____

_____

_____

Por lo tanto, el que está unido a Cristo es una nueva
persona. Las cosas viejas pasaron; se convirtieron en algo
nuevo. Todo esto es la obra de Dios, quien por medio de
Cristo nos reconcilió consigo mismo y nos dio el encargo
de anunciar la reconciliación. **2 CORINTIOS 5:17-18**

DIARIO

Usa este espacio para lo que quieras.

_____

_____

_____

_____

_____

_____

_____

_____

_____

_____

_____

_____

_____

_____

_____

_____

_____

_____

La vida duele. El amor sana.

La vida duele. El amor sana.

www.ingramcontent.com/pod-product-compliance
Lightning Source LLC
Chambersburg PA
CBHW071600040426
42452CB00008B/1245